Welcome
We're Happy You're Here!

Please sign our

Guest Book

& share

your experience with us and future guests

Guest Name/s: _____

Dates of my/our visit: _____ To: _____ We Traveled From: _____
_____

Reason for my/our trip: _____

≪●≫

Message to the host: _____
_____
_____

≪●≫

Favorite moments / Special Highlights of My/Our Stay
_____
_____
_____

≪●≫

Places/ We Recommend (Restaurants-Entertainment-must See Sites)
_____
_____
_____

Guest Name/s: _____

Dates of my/our visit: _____ To: _____ We Traveled From: _____
_____

Reason for my/our trip: _____

≪●≫

Message to the host: _____
_____
_____

≪●≫

Favorite moments / Special Highlights of My/Our Stay
_____
_____
_____

≪●≫

Places/ We Recommend (Restaurants-Entertainment-must See Sites)
_____
_____
_____

Guest Name/s: _____

Dates of my/our visit: _____ To: _____ We Traveled From: _____
_____

Reason for my/our trip: _____

≪●≫

Message to the host: _____
_____
_____

≪●≫

Favorite moments / Special Highlights of My/Our Stay
_____
_____
_____

≪●≫

Places/ We Recommend (Restaurants-Entertainment-must See Sites)
_____
_____
_____

Guest Name/s: _____

Dates of my/our visit: _____ To: _____ We Traveled From: _____
_____

Reason for my/our trip: _____

≪●≫

Message to the host: _____
_____
_____

≪●≫

Favorite moments / Special Highlights of My/Our Stay
_____
_____
_____

≪●≫

Places/ We Recommend (Restaurants-Entertainment-must See Sites)
_____
_____
_____

Guest Name/s: _____

Dates of my/our visit: _____ To: _____ We Traveled From: _____
_____

Reason for my/our trip: _____

━━━◄•►━━━

Message to the host: _____
_____
_____

━━━◄•►━━━

Favorite moments / Special Highlights of My/Our Stay
_____
_____
_____

━━━◄•►━━━

Places/ We Recommend (Restaurants-Entertainment-must See Sites)
_____
_____
_____

Guest Name/s: _____

Dates of my/our visit: _____ To: _____ We Traveled From: _____
_____

Reason for my/our trip: _____

Message to the host: _____
_____
_____

Favorite moments / Special Highlights of My/Our Stay
_____
_____
_____

Places/ We Recommend (Restaurants-Entertainment-must See Sites)
_____
_____
_____

Guest Name/s: _____

Dates of my/our visit: _____ To: _____ We Traveled From: _____
_____

Reason for my/our trip: _____

⬌ ≪•≫ ⬌

Message to the host: _____
_____
_____

⬌ ≪•≫ ⬌

Favorite moments / Special Highlights of My/Our Stay
_____
_____
_____

⬌ ≪•≫ ⬌

Places/ We Recommend (Restaurants-Entertainment-must See Sites)
_____
_____
_____

Guest Name/s: _____

Dates of my/our visit: _____ To: _____ We Traveled From: _____
_____

Reason for my/our trip: _____

❮●❯

Message to the host: _____
_____
_____

❮●❯

Favorite moments / Special Highlights of My/Our Stay
_____
_____
_____

❮●❯

Places/ We Recommend (Restaurants-Entertainment-must See Sites)
_____
_____
_____

Guest Name/s: _____

Dates of my/our visit: _____ To: _____ We Traveled From: _____
_____

Reason for my/our trip: _____

Message to the host: _____
_____
_____

Favorite moments / Special Highlights of My/Our Stay
_____
_____
_____

Places/ We Recommend (Restaurants-Entertainment-must See Sites)
_____
_____
_____

Guest Name/s: _____

Dates of my/our visit: _____ To: _____ We Traveled From: _____
_____

Reason for my/our trip: _____

≪●≫

Message to the host: _____
_____
_____

≪●≫

Favorite moments / Special Highlights of My/Our Stay
_____
_____
_____

≪●≫

Places/ We Recommend (Restaurants-Entertainment-must See Sites)
_____
_____
_____

Guest Name/s: _____

Dates of my/our visit: _____ To: _____ We Traveled From: _____
_____

Reason for my/our trip: _____

<<•>>

Message to the host: _____
_____
_____

<<•>>

Favorite moments / Special Highlights of My/Our Stay
_____
_____
_____

<<•>>

Places/ We Recommend (Restaurants-Entertainment-must See Sites)
_____
_____
_____

Guest Name/s: ————————————————————

Dates of my/our visit: ———— To: ———— We Traveled From: ————

————————————————————————————————

Reason for my/our trip: ————————————————————

≪●≫

Message to the host: ————————————————————

————————————————————————————————

————————————————————————————————

≪●≫

Favorite moments / Special Highlights of My/Our Stay

————————————————————————————————

————————————————————————————————

————————————————————————————————

≪●≫

Places/ We Recommend (Restaurants-Entertainment-must See Sites)

————————————————————————————————

————————————————————————————————

————————————————————————————————

Guest Name/s: _____

Dates of my/our visit: _____ To: _____ We Traveled From: _____
_____

Reason for my/our trip: _____

≪●≫

Message to the host: _____
_____
_____

≪●≫

Favorite moments / Special Highlights of My/Our Stay
_____
_____
_____

≪●≫

Places/ We Recommend (Restaurants-Entertainment-must See Sites)
_____
_____
_____

Guest Name/s: ―――――――――――――――――――――

Dates of my/our visit: ――― To: ――― We Traveled From: ―――
―――――――――――――――――――――――――――

Reason for my/our trip: ―――――――――――――――

Message to the host: ―――――――――――――――
―――――――――――――――――――――――――――
―――――――――――――――――――――――――――

Favorite moments / Special Highlights of My/Our Stay
―――――――――――――――――――――――――――
―――――――――――――――――――――――――――
―――――――――――――――――――――――――――

Places/ We Recommend (Restaurants-Entertainment-must See Sites)
―――――――――――――――――――――――――――
―――――――――――――――――――――――――――
―――――――――――――――――――――――――――

Guest Name/s: _____

Dates of my/our visit: _____ To: _____ We Traveled From: _____
_____

Reason for my/our trip: _____

<<•>>

Message to the host: _____
_____
_____

<<•>>

Favorite moments / Special Highlights of My/Our Stay
_____
_____
_____

<<•>>

Places/ We Recommend (Restaurants-Entertainment-must See Sites)
_____
_____
_____

Guest Name/s: _____

Dates of my/our visit: _____ To: _____ We Traveled From: _____
_____

Reason for my/our trip: _____

≪●≫

Message to the host: _____
_____
_____

≪●≫

Favorite moments / Special Highlights of My/Our Stay
_____
_____
_____

≪●≫

Places/ We Recommend (Restaurants-Entertainment-must See Sites)
_____
_____
_____

Guest Name/s: _____

Dates of my/our visit: _____ To: _____ We Traveled From: _____
_____

Reason for my/our trip: _____

≪●≫

Message to the host: _____
_____
_____

≪●≫

Favorite moments / Special Highlights of My/Our Stay
_____
_____
_____

≪●≫

Places/ We Recommend (Restaurants-Entertainment-must See Sites)
_____
_____
_____

Guest Name/s: _____

Dates of my/our visit: _____ To: _____ We Traveled From: _____
_____

Reason for my/our trip: _____

Message to the host: _____
_____
_____

Favorite moments / Special Highlights of My/Our Stay
_____
_____
_____

Places/ We Recommend (Restaurants-Entertainment-must See Sites)
_____
_____
_____

Guest Name/s: _____

Dates of my/our visit: _____ To: _____ We Traveled From: _____
_____

Reason for my/our trip: _____

≪●≫

Message to the host: _____
_____
_____

≪●≫

Favorite moments / Special Highlights of My/Our Stay
_____
_____
_____

≪●≫

Places/ We Recommend (Restaurants-Entertainment-must See Sites)
_____
_____
_____

Guest Name/s: _____

Dates of my/our visit: _____ To: _____ We Traveled From: _____
_____

Reason for my/our trip: _____

≪●≫

Message to the host: _____
_____
_____

≪●≫

Favorite moments / Special Highlights of My/Our Stay
_____
_____
_____

≪●≫

Places/ We Recommend (Restaurants-Entertainment-must See Sites)
_____
_____
_____

Guest Name/s: _____

Dates of my/our visit: _____ To: _____ We Traveled From: _____
_____

Reason for my/our trip: _____

‹‹•››

Message to the host: _____
_____
_____

‹‹•››

Favorite moments / Special Highlights of My/Our Stay
_____
_____
_____

‹‹•››

Places/ We Recommend (Restaurants-Entertainment-must See Sites)
_____
_____
_____

Guest Name/s: _____

Dates of my/our visit: _____ To: _____ We Traveled From: _____

_____

Reason for my/our trip: _____

Message to the host: _____

_____

_____

Favorite moments / Special Highlights of My/Our Stay

_____

_____

_____

Places/ We Recommend (Restaurants-Entertainment-must See Sites)

_____

_____

_____

Guest Name/s: _____

Dates of my/our visit: _____ To: _____ We Traveled From: _____
_____

Reason for my/our trip: _____

≪●≫

Message to the host: _____
_____
_____

≪●≫

Favorite moments / Special Highlights of My/Our Stay
_____
_____
_____

≪●≫

Places/ We Recommend (Restaurants-Entertainment-must See Sites)
_____
_____
_____

Guest Name/s: _____

Dates of my/our visit: _____ To: _____ We Traveled From: _____

_____

Reason for my/our trip: _____

⬅━━━━≪●≫━━━➡

Message to the host: _____

_____

_____

⬅━━━━≪●≫━━━➡

Favorite moments / Special Highlights of My/Our Stay

_____

_____

_____

⬅━━━━≪●≫━━━➡

Places/ We Recommend (Restaurants-Entertainment-must See Sites)

_____

_____

_____

Guest Name/s: _____

Dates of my/our visit: _____ To: _____ We Traveled From: _____
_____

Reason for my/our trip: _____

≪●≫

Message to the host: _____
_____
_____

≪●≫

Favorite moments / Special Highlights of My/Our Stay
_____
_____
_____

≪●≫

Places/ We Recommend (Restaurants-Entertainment-must See Sites)
_____
_____
_____

Guest Name/s: _____

Dates of my/our visit: _____ To: _____ We Traveled From: _____
_____

Reason for my/our trip: _____

≪●≫

Message to the host: _____
_____
_____

≪●≫

Favorite moments / Special Highlights of My/Our Stay
_____
_____
_____

≪●≫

Places/ We Recommend (Restaurants-Entertainment-must See Sites)
_____
_____
_____

Guest Name/s: _____

Dates of my/our visit: _____ To: _____ We Traveled From: _____
_____

Reason for my/our trip: _____

≪●≫

Message to the host: _____
_____
_____

≪●≫

Favorite moments / Special Highlights of My/Our Stay
_____
_____
_____

≪●≫

Places/ We Recommend (Restaurants-Entertainment-must See Sites)
_____
_____
_____

Guest Name/s: _____

Dates of my/our visit: _____ To: _____ We Traveled From: _____
_____

Reason for my/our trip: _____

≪●≫

Message to the host: _____
_____
_____

≪●≫

Favorite moments / Special Highlights of My/Our Stay
_____
_____
_____

≪●≫

Places/ We Recommend (Restaurants-Entertainment-must See Sites)
_____
_____
_____

Guest Name/s: _____

Dates of my/our visit: _____ To: _____ We Traveled From: _____
_____

Reason for my/our trip: _____

<<•>>

Message to the host: _____
_____
_____

<<•>>

Favorite moments / Special Highlights of My/Our Stay
_____
_____
_____

<<•>>

Places/ We Recommend (Restaurants-Entertainment-must See Sites)
_____
_____
_____

Guest Name/s: ───────────────────────────

Dates of my/our visit: ─────── To: ─────── We Traveled From: ───────
─────────────────────────────────────

Reason for my/our trip: ───────────────────────

≪●≫

Message to the host: ────────────────────────
─────────────────────────────────────
─────────────────────────────────────

≪●≫

Favorite moments / Special Highlights of My/Our Stay
─────────────────────────────────────
─────────────────────────────────────
─────────────────────────────────────

≪●≫

Places/ We Recommend (Restaurants-Entertainment-must See Sites)
─────────────────────────────────────
─────────────────────────────────────
─────────────────────────────────────

Guest Name/s: _____

Dates of my/our visit: _____ To: _____ We Traveled From: _____
_____

Reason for my/our trip: _____

<< ● >>

Message to the host: _____

_____

_____

<< ● >>

Favorite moments / Special Highlights of My/Our Stay
_____
_____
_____

<< ● >>

Places/ We Recommend (Restaurants-Entertainment-must See Sites)
_____
_____
_____

Guest Name/s: ───────────────────────────

Dates of my/our visit: ──────── To: ───── We Traveled From: ──────

─────────────────────────────────────

Reason for my/our trip: ────────────────────

❮●❯

Message to the host: ──────────────────

─────────────────────────────────────

─────────────────────────────────────

❮●❯

Favorite moments / Special Highlights of My/Our Stay

─────────────────────────────────────

─────────────────────────────────────

─────────────────────────────────────

❮●❯

Places/ We Recommend (Restaurants-Entertainment-must See Sites)

─────────────────────────────────────

─────────────────────────────────────

─────────────────────────────────────

Guest Name/s: _____

Dates of my/our visit: _____ To: _____ We Traveled From: _____
_____

Reason for my/our trip: _____

≪●≫

Message to the host: _____
_____
_____

≪●≫

Favorite moments / Special Highlights of My/Our Stay
_____
_____
_____

≪●≫

Places/ We Recommend (Restaurants-Entertainment-must See Sites)
_____
_____
_____

Guest Name/s: _____

Dates of my/our visit: _____ To: _____ We Traveled From: _____

_____

Reason for my/our trip: _____

⬅━━━━━≪●≫━━━━━➡

Message to the host: _____

_____

_____

⬅━━━━━≪●≫━━━━━➡

Favorite moments / Special Highlights of My/Our Stay

_____

_____

_____

⬅━━━━━≪●≫━━━━━➡

Places/ We Recommend (Restaurants-Entertainment-must See Sites)

_____

_____

_____

Guest Name/s: _____

Dates of my/our visit: _____ To: _____ We Traveled From: _____
_____

Reason for my/our trip: _____

Message to the host: _____
_____
_____

Favorite moments / Special Highlights of My/Our Stay
_____
_____
_____

Places/ We Recommend (Restaurants-Entertainment-must See Sites)
_____
_____
_____

Guest Name/s: _____

Dates of my/our visit: _____ To: _____ We Traveled From: _____
_____

Reason for my/our trip: _____

≪●≫

Message to the host: _____
_____
_____

≪●≫

Favorite moments / Special Highlights of My/Our Stay
_____
_____
_____

≪●≫

Places/ We Recommend (Restaurants-Entertainment-must See Sites)
_____
_____
_____

Guest Name/s: _____

Dates of my/our visit: _____ To: _____ We Traveled From: _____
_____

Reason for my/our trip: _____

⟵ ≪●≫ ⟶

Message to the host: _____
_____
_____

⟵ ≪●≫ ⟶

Favorite moments / Special Highlights of My/Our Stay
_____
_____
_____

⟵ ≪●≫ ⟶

Places/ We Recommend (Restaurants-Entertainment-must See Sites)
_____
_____
_____

Guest Name/s: _____

Dates of my/our visit: _____ To: _____ We Traveled From: _____
_____

Reason for my/our trip: _____

‹•›

Message to the host: _____
_____
_____

‹•›

Favorite moments / Special Highlights of My/Our Stay
_____
_____
_____

‹•›

Places/ We Recommend (Restaurants-Entertainment-must See Sites)
_____
_____
_____

Guest Name/s: _____

Dates of my/our visit: _____ To: _____ We Traveled From: _____
_____

Reason for my/our trip: _____

Message to the host: _____
_____
_____

Favorite moments / Special Highlights of My/Our Stay
_____
_____
_____

Places/ We Recommend (Restaurants-Entertainment-must See Sites)
_____
_____
_____

Guest Name/s: _____

Dates of my/our visit: _____ To: _____ We Traveled From: _____
_____

Reason for my/our trip: _____

Message to the host: _____
_____
_____

Favorite moments / Special Highlights of My/Our Stay
_____
_____
_____

Places/ We Recommend (Restaurants-Entertainment-must See Sites)
_____
_____
_____

Guest Name/s: _____

Dates of my/our visit: _____ To: _____ We Traveled From: _____
_____

Reason for my/our trip: _____

≪●≫

Message to the host: _____
_____
_____

≪●≫

Favorite moments / Special Highlights of My/Our Stay
_____
_____
_____

≪●≫

Places/ We Recommend (Restaurants-Entertainment-must See Sites)
_____
_____
_____

Guest Name/s: _____

Dates of my/our visit: _____ To: _____ We Traveled From: _____

_____

Reason for my/our trip: _____

⟷ ≪•≫ ⟷

Message to the host: _____

_____

_____

⟷ ≪•≫ ⟷

Favorite moments / Special Highlights of My/Our Stay

_____

_____

_____

⟷ ≪•≫ ⟷

Places/ We Recommend (Restaurants-Entertainment-must See Sites)

_____

_____

_____

Guest Name/s: —————————————————————————————

Dates of my/our visit: ————— To: ————— We Traveled From: —————

—————————————————————————————————————

Reason for my/our trip: ———————————————————————

⬅◄•►➡

Message to the host: ————————————————————

—————————————————————————————————————

—————————————————————————————————————

⬅◄•►➡

Favorite moments / Special Highlights of My/Our Stay

—————————————————————————————————————

—————————————————————————————————————

—————————————————————————————————————

⬅◄•►➡

Places/ We Recommend (Restaurants-Entertainment-must See Sites)

—————————————————————————————————————

—————————————————————————————————————

—————————————————————————————————————

Guest Name/s: ———————————————

Dates of my/our visit: ——— To: ——— We Traveled From: ———
————————————————————————

Reason for my/our trip: ————————————————

Message to the host: ————————————————
————————————————————————
————————————————————————

Favorite moments / Special Highlights of My/Our Stay
————————————————————————
————————————————————————
————————————————————————

Places/ We Recommend (Restaurants-Entertainment-must See Sites)
————————————————————————
————————————————————————
————————————————————————

Guest Name/s: _____

Dates of my/our visit: _____ To: _____ We Traveled From: _____
_____

Reason for my/our trip: _____

◄——————«●»——————►

Message to the host: _____
_____
_____

◄——————«●»——————►

Favorite moments / Special Highlights of My/Our Stay
_____
_____
_____

◄——————«●»——————►

Places/ We Recommend (Restaurants-Entertainment-must See Sites)
_____
_____
_____

Guest Name/s: _____

Dates of my/our visit: _____ To: _____ We Traveled From: _____

_____

Reason for my/our trip: _____

◄━━━━━━◄●►━━━━━►

Message to the host: _____

_____

_____

◄━━━━━━◄●►━━━━━►

Favorite moments / Special Highlights of My/Our Stay

_____

_____

_____

◄━━━━━━◄●►━━━━━►

Places/ We Recommend (Restaurants-Entertainment-must See Sites)

_____

_____

_____

Guest Name/s: _____

Dates of my/our visit: _____ To: _____ We Traveled From: _____
_____

Reason for my/our trip: _____

≪●≫

Message to the host: _____
_____
_____

≪●≫

Favorite moments / Special Highlights of My/Our Stay
_____
_____
_____

≪●≫

Places/ We Recommend (Restaurants-Entertainment-must See Sites)
_____
_____
_____

Guest Name/s: ——————————————————

Dates of my/our visit: ——— To: ——— We Traveled From: ———
————————————————————————————————

Reason for my/our trip: ——————————————

Message to the host: ——————————————
————————————————————————————————
————————————————————————————————

Favorite moments / Special Highlights of My/Our Stay
————————————————————————————————
————————————————————————————————
————————————————————————————————

Places/ We Recommend (Restaurants-Entertainment-must See Sites)
————————————————————————————————
————————————————————————————————
————————————————————————————————

Guest Name/s: _____

Dates of my/our visit: _____ To: _____ We Traveled From: _____
_____

Reason for my/our trip: _____

◀———————————≪●≫———————————▶

Message to the host: _____
_____
_____

◀———————————≪●≫———————————▶

Favorite moments / Special Highlights of My/Our Stay
_____
_____
_____

◀———————————≪●≫———————————▶

Places/ We Recommend (Restaurants-Entertainment-must See Sites)
_____
_____
_____

Guest Name/s: _____

Dates of my/our visit: _____ To: _____ We Traveled From: _____
_____

Reason for my/our trip: _____

≪●≫

Message to the host: _____
_____
_____

≪●≫

Favorite moments / Special Highlights of My/Our Stay
_____
_____
_____

≪●≫

Places/ We Recommend (Restaurants-Entertainment-must See Sites)
_____
_____
_____

Guest Name/s: _____

Dates of my/our visit: _____ To: _____ We Traveled From: _____
_____

Reason for my/our trip: _____

≪●≫

Message to the host: _____
_____
_____

≪●≫

Favorite moments / Special Highlights of My/Our Stay
_____
_____
_____

≪●≫

Places/ We Recommend (Restaurants-Entertainment-must See Sites)
_____
_____
_____

Guest Name/s: —————————————————————

Dates of my/our visit: ———— To: ———— We Traveled From: ————
———————————————————————————————————

Reason for my/our trip: ————————————————————

❮•❯

Message to the host: ——————————————————

———————————————————————————————————

———————————————————————————————————

❮•❯

Favorite moments / Special Highlights of My/Our Stay

———————————————————————————————————

———————————————————————————————————

———————————————————————————————————

❮•❯

Places/ We Recommend (Restaurants-Entertainment-must See Sites)

———————————————————————————————————

———————————————————————————————————

———————————————————————————————————

Guest Name/s: _____

Dates of my/our visit: _____ To: _____ We Traveled From: _____
_____

Reason for my/our trip: _____

≪●≫

Message to the host: _____
_____
_____

≪●≫

Favorite moments / Special Highlights of My/Our Stay
_____
_____
_____

≪●≫

Places/ We Recommend (Restaurants-Entertainment-must See Sites)
_____
_____
_____

Guest Name/s: _____

Dates of my/our visit: _____ To: _____ We Traveled From: _____
_____

Reason for my/our trip: _____

<><><>

Message to the host: _____
_____
_____

<><><>

Favorite moments / Special Highlights of My/Our Stay
_____
_____
_____

<><><>

Places/ We Recommend (Restaurants-Entertainment-must See Sites)
_____
_____
_____

Guest Name/s: _____

Dates of my/our visit: _____ To: _____ We Traveled From: _____
_____

Reason for my/our trip: _____

Message to the host: _____
_____
_____

Favorite moments / Special Highlights of My/Our Stay
_____
_____
_____

Places/ We Recommend (Restaurants-Entertainment-must See Sites)
_____
_____
_____

Guest Name/s: ———————————————————

Dates of my/our visit: ——————— To: ——— We Traveled From: ———
———————————————————————————

Reason for my/our trip: ————————————————————

Message to the host: ————————————————————
———————————————————————————
———————————————————————————

Favorite moments / Special Highlights of My/Our Stay
———————————————————————————
———————————————————————————
———————————————————————————

Places/ We Recommend (Restaurants-Entertainment-must See Sites)
———————————————————————————
———————————————————————————
———————————————————————————

Guest Name/s: _____

Dates of my/our visit: _____ To: _____ We Traveled From: _____
_____

Reason for my/our trip: _____

≪●≫

Message to the host: _____
_____
_____

≪●≫

Favorite moments / Special Highlights of My/Our Stay
_____
_____
_____

≪●≫

Places/ We Recommend (Restaurants-Entertainment-must See Sites)
_____
_____
_____

Guest Name/s: ─────────────────────

Dates of my/our visit: ───── To: ───── We Traveled From: ─────

─────────────────────

Reason for my/our trip: ─────────────────────

Message to the host: ─────────────────────

─────────────────────

─────────────────────

Favorite moments / Special Highlights of My/Our Stay

─────────────────────

─────────────────────

─────────────────────

Places/ We Recommend (Restaurants-Entertainment-must See Sites)

─────────────────────

─────────────────────

─────────────────────

Guest Name/s: _____

Dates of my/our visit: _____ To: _____ We Traveled From: _____
_____

Reason for my/our trip: _____

⬅≪●≫➡

Message to the host: _____
_____
_____

⬅≪●≫➡

Favorite moments / Special Highlights of My/Our Stay
_____
_____
_____

⬅≪●≫➡

Places/ We Recommend (Restaurants-Entertainment-must See Sites)
_____
_____
_____

Guest Name/s: _____

Dates of my/our visit: _____ To: _____ We Traveled From: _____
_____

Reason for my/our trip: _____

≪●≫

Message to the host: _____
_____
_____

≪●≫

Favorite moments / Special Highlights of My/Our Stay
_____
_____
_____

≪●≫

Places/ We Recommend (Restaurants-Entertainment-must See Sites)
_____
_____
_____

Guest Name/s: _____

Dates of my/our visit: _____ To: _____ We Traveled From: _____

_____

Reason for my/our trip: _____

Message to the host: _____

_____

_____

Favorite moments / Special Highlights of My/Our Stay

_____

_____

_____

Places/ We Recommend (Restaurants-Entertainment-must See Sites)

_____

_____

_____

Guest Name/s: _____

Dates of my/our visit: _____ To: _____ We Traveled From: _____
_____

Reason for my/our trip: _____

≪•≫

Message to the host: _____
_____
_____

≪•≫

Favorite moments / Special Highlights of My/Our Stay
_____
_____
_____

≪•≫

Places/ We Recommend (Restaurants-Entertainment-must See Sites)
_____
_____
_____

Guest Name/s: _____

Dates of my/our visit: _____ To: _____ We Traveled From: _____

_____

Reason for my/our trip: _____

≪●≫

Message to the host: _____

_____

_____

≪●≫

Favorite moments / Special Highlights of My/Our Stay

_____

_____

_____

≪●≫

Places/ We Recommend (Restaurants-Entertainment-must See Sites)

_____

_____

_____

Guest Name/s: —————————————————————————

Dates of my/our visit: ——— To: ——— We Traveled From: ———
_____

Reason for my/our trip: ———————————————————————

<><•><>

Message to the host: ——————————————————————
_____
_____

<><•><>

Favorite moments / Special Highlights of My/Our Stay
_____
_____
_____

<><•><>

Places/ We Recommend (Restaurants-Entertainment-must See Sites)
_____
_____
_____

Guest Name/s: _____

Dates of my/our visit: _____ To: _____ We Traveled From: _____
_____

Reason for my/our trip: _____

≪●≫

Message to the host: _____
_____
_____

≪●≫

Favorite moments / Special Highlights of My/Our Stay
_____
_____
_____

≪●≫

Places/ We Recommend (Restaurants-Entertainment-must See Sites)
_____
_____
_____

Guest Name/s: ———————————————————————

Dates of my/our visit: ——— To: ——— We Traveled From: ———

———————————————————————

Reason for my/our trip: ———————————————————

Message to the host: ———————————————————

———————————————————————————

———————————————————————————

Favorite moments / Special Highlights of My/Our Stay

———————————————————————————

———————————————————————————

———————————————————————————

Places/ We Recommend (Restaurants-Entertainment-must See Sites)

———————————————————————————

———————————————————————————

———————————————————————————

Guest Name/s: _____

Dates of my/our visit: _____ To: _____ We Traveled From: _____

_____

Reason for my/our trip: _____

≪●≫

Message to the host: _____

_____

_____

≪●≫

Favorite moments / Special Highlights of My/Our Stay

_____

_____

_____

≪●≫

Places/ We Recommend (Restaurants-Entertainment-must See Sites)

_____

_____

_____

Guest Name/s: ———————————————————

Dates of my/our visit: ——— To: ——— We Traveled From: ———

————————————————————————

Reason for my/our trip: ————————————————

≪●≫

Message to the host: ————————————————

————————————————————————

————————————————————————

≪●≫

Favorite moments / Special Highlights of My/Our Stay

————————————————————————

————————————————————————

————————————————————————

≪●≫

Places/ We Recommend (Restaurants-Entertainment-must See Sites)

————————————————————————

————————————————————————

————————————————————————

Guest Name/s: ———————————————————

Dates of my/our visit: ——— To: ——— We Traveled From: ———
———————————————————————————

Reason for my/our trip: ———————————————

Message to the host: ———————————————
———————————————————————————
———————————————————————————

Favorite moments / Special Highlights of My/Our Stay
———————————————————————————
———————————————————————————
———————————————————————————

Places/ We Recommend (Restaurants-Entertainment-must See Sites)
———————————————————————————
———————————————————————————
———————————————————————————

Guest Name/s: _____

Dates of my/our visit: _____ To: _____ We Traveled From: _____
_____

Reason for my/our trip: _____

Message to the host: _____
_____
_____

Favorite moments / Special Highlights of My/Our Stay
_____
_____
_____

Places/ We Recommend (Restaurants-Entertainment-must See Sites)
_____
_____
_____

Guest Name/s: _____

Dates of my/our visit: _____ To: _____ We Traveled From: _____

_____

Reason for my/our trip: _____

⬅━≪●≫━➡

Message to the host: _____

_____

_____

⬅━≪●≫━➡

Favorite moments / Special Highlights of My/Our Stay

_____

_____

_____

⬅━≪●≫━➡

Places/ We Recommend (Restaurants-Entertainment-must See Sites)

_____

_____

_____

Guest Name/s: _____

Dates of my/our visit: _____ To: _____ We Traveled From: _____
_____

Reason for my/our trip: _____

⬅━━━≪●≫━━━➡

Message to the host: _____
_____
_____

⬅━━━≪●≫━━━➡

Favorite moments / Special Highlights of My/Our Stay
_____
_____
_____

⬅━━━≪●≫━━━➡

Places/ We Recommend (Restaurants-Entertainment-must See Sites)
_____
_____
_____

Guest Name/s: _____

Dates of my/our visit: _____ To: _____ We Traveled From: _____
_____

Reason for my/our trip: _____

⬅━≪●≫━➡

Message to the host: _____
_____
_____

⬅━≪●≫━➡

Favorite moments / Special Highlights of My/Our Stay
_____
_____
_____

⬅━≪●≫━➡

Places/ We Recommend (Restaurants-Entertainment-must See Sites)
_____
_____
_____

Guest Name/s: ———————————————————————

Dates of my/our visit: ——— To: ——— We Traveled From: ———
——

Reason for my/our trip: ————————————————————————

Message to the host: ————————————————————————
——
——

Favorite moments / Special Highlights of My/Our Stay
——
——
——

Places/ We Recommend (Restaurants-Entertainment-must See Sites)
——
——
——

Guest Name/s: _____

Dates of my/our visit: _____ To: _____ We Traveled From: _____
_____

Reason for my/our trip: _____

≪●≫

Message to the host: _____
_____
_____

≪●≫

Favorite moments / Special Highlights of My/Our Stay
_____
_____
_____

≪●≫

Places/ We Recommend (Restaurants-Entertainment-must See Sites)
_____
_____
_____

Guest Name/s: ———————————————————————

Dates of my/our visit: ——— To: ——— We Traveled From: ———
————————————————————————————————

Reason for my/our trip: ————————————————————

Message to the host: ——————————————————————
————————————————————————————————
————————————————————————————————

Favorite moments / Special Highlights of My/Our Stay
————————————————————————————————
————————————————————————————————
————————————————————————————————

Places/ We Recommend (Restaurants-Entertainment-must See Sites)
————————————————————————————————
————————————————————————————————
————————————————————————————————

Guest Name/s: _____

Dates of my/our visit: _____ To: _____ We Traveled From: _____

_____

Reason for my/our trip: _____

≪●≫

Message to the host: _____

_____

_____

≪●≫

Favorite moments / Special Highlights of My/Our Stay

_____

_____

_____

≪●≫

Places/ We Recommend (Restaurants-Entertainment-must See Sites)

_____

_____

_____

Guest Name/s: _____

Dates of my/our visit: _____ To: _____ We Traveled From: _____
_____

Reason for my/our trip: _____

≪●≫

Message to the host: _____
_____
_____

≪●≫

Favorite moments / Special Highlights of My/Our Stay
_____
_____
_____

≪●≫

Places/ We Recommend (Restaurants-Entertainment-must See Sites)
_____
_____
_____

Guest Name/s: _____

Dates of my/our visit: _____ To: _____ We Traveled From: _____

_____

Reason for my/our trip: _____

≪●≫

Message to the host: _____

_____

_____

≪●≫

Favorite moments / Special Highlights of My/Our Stay

_____

_____

_____

≪●≫

Places/ We Recommend (Restaurants-Entertainment-must See Sites)

_____

_____

_____

Guest Name/s: _____

Dates of my/our visit: _____ To: _____ We Traveled From: _____
_____

Reason for my/our trip: _____

≪●≫

Message to the host: _____
_____
_____

≪●≫

Favorite moments / Special Highlights of My/Our Stay
_____
_____
_____

≪●≫

Places/ We Recommend (Restaurants-Entertainment-must See Sites)
_____
_____
_____

Guest Name/s: _____

Dates of my/our visit: _____ To: _____ We Traveled From: _____

_____

Reason for my/our trip: _____

Message to the host: _____

_____

_____

Favorite moments / Special Highlights of My/Our Stay

_____

_____

_____

Places/ We Recommend (Restaurants-Entertainment-must See Sites)

_____

_____

_____

Guest Name/s: _____

Dates of my/our visit: _____ To: _____ We Traveled From: _____
_____

Reason for my/our trip: _____

≪●≫

Message to the host: _____
_____
_____

≪●≫

Favorite moments / Special Highlights of My/Our Stay
_____
_____
_____

≪●≫

Places/ We Recommend (Restaurants-Entertainment-must See Sites)
_____
_____
_____

Guest Name/s: ————————————————————

Dates of my/our visit: ———— To: ——— We Traveled From: ———

————————————————————————————

Reason for my/our trip: ————————————————

≪ ● ≫

Message to the host: ————————————————

————————————————————————————

————————————————————————————

≪ ● ≫

Favorite moments / Special Highlights of My/Our Stay

————————————————————————————

————————————————————————————

————————————————————————————

≪ ● ≫

Places/ We Recommend (Restaurants-Entertainment-must See Sites)

————————————————————————————

————————————————————————————

————————————————————————————

Guest Name/s: _____

Dates of my/our visit: _____ To: _____ We Traveled From: _____
_____

Reason for my/our trip: _____

≪●≫

Message to the host: _____
_____
_____

≪●≫

Favorite moments / Special Highlights of My/Our Stay
_____
_____
_____

≪●≫

Places/ We Recommend (Restaurants-Entertainment-must See Sites)
_____
_____
_____

Guest Name/s: ———————————————————————

Dates of my/our visit: ——— To: ——— We Traveled From: ———

————————————————————————————————————

Reason for my/our trip: ———————————————————

Message to the host: ———————————————————

————————————————————————————————————

————————————————————————————————————

Favorite moments / Special Highlights of My/Our Stay

————————————————————————————————————

————————————————————————————————————

————————————————————————————————————

Places/ We Recommend (Restaurants-Entertainment-must See Sites)

————————————————————————————————————

————————————————————————————————————

————————————————————————————————————

Guest Name/s: _____

Dates of my/our visit: _____ To: _____ We Traveled From: _____

_____

Reason for my/our trip: _____

≪●≫

Message to the host: _____

_____

_____

≪●≫

Favorite moments / Special Highlights of My/Our Stay

_____

_____

_____

≪●≫

Places/ We Recommend (Restaurants-Entertainment-must See Sites)

_____

_____

_____

Guest Name/s: _____

Dates of my/our visit: _____ To: _____ We Traveled From: _____
_____

Reason for my/our trip: _____

≪●≫

Message to the host: _____
_____
_____

≪●≫

Favorite moments / Special Highlights of My/Our Stay
_____
_____
_____

≪●≫

Places/ We Recommend (Restaurants-Entertainment-must See Sites)
_____
_____
_____

Guest Name/s: _____

Dates of my/our visit: _____ To: _____ We Traveled From: _____

_____

Reason for my/our trip: _____

❮•❯

Message to the host: _____

_____

_____

❮•❯

Favorite moments / Special Highlights of My/Our Stay

_____

_____

_____

❮•❯

Places/ We Recommend (Restaurants-Entertainment-must See Sites)

_____

_____

_____

Guest Name/s: _____

Dates of my/our visit: _____ To: _____ We Traveled From: _____
_____

Reason for my/our trip: _____

◄———————— ≪●≫ ————————►

Message to the host: _____
_____
_____

◄———————— ≪●≫ ————————►

Favorite moments / Special Highlights of My/Our Stay
_____
_____
_____

◄———————— ≪●≫ ————————►

Places/ We Recommend (Restaurants-Entertainment-must See Sites)
_____
_____
_____

Guest Name/s: ——————————————————

Dates of my/our visit: —————— To: ——— We Traveled From: ——————

————————————————————————————

Reason for my/our trip: ——————————————

⟵•⟶

Message to the host: ——————————————

————————————————————————————

————————————————————————————

⟵•⟶

Favorite moments / Special Highlights of My/Our Stay

————————————————————————————

————————————————————————————

————————————————————————————

⟵•⟶

Places/ We Recommend (Restaurants-Entertainment-must See Sites)

————————————————————————————

————————————————————————————

————————————————————————————

Guest Name/s: ————————————————————————

Dates of my/our visit: ——— To: ——— We Traveled From: ———

————————————————————————————————————

Reason for my/our trip: ————————————————————

<<•>>

Message to the host: ————————————————————

————————————————————————————————————

————————————————————————————————————

<<•>>

Favorite moments / Special Highlights of My/Our Stay

————————————————————————————————————

————————————————————————————————————

————————————————————————————————————

<<•>>

Places/ We Recommend (Restaurants-Entertainment-must See Sites)

————————————————————————————————————

————————————————————————————————————

————————————————————————————————————

Guest Name/s: _____

Dates of my/our visit: _____ To: _____ We Traveled From: _____
_____

Reason for my/our trip: _____

⬅——≪●≫——➡

Message to the host: _____
_____
_____

⬅——≪●≫——➡

Favorite moments / Special Highlights of My/Our Stay
_____
_____
_____

⬅——≪●≫——➡

Places/ We Recommend (Restaurants-Entertainment-must See Sites)
_____
_____
_____

Guest Name/s: _____

Dates of my/our visit: _____ To: _____ We Traveled From: _____
_____

Reason for my/our trip: _____

≪●≫

Message to the host: _____
_____
_____

≪●≫

Favorite moments / Special Highlights of My/Our Stay
_____
_____
_____

≪●≫

Places/ We Recommend (Restaurants-Entertainment-must See Sites)
_____
_____
_____

Guest Name/s: _____

Dates of my/our visit: _____ To: _____ We Traveled From: _____

_____

Reason for my/our trip: _____

Message to the host: _____

_____

_____

Favorite moments / Special Highlights of My/Our Stay

_____

_____

_____

Places/ We Recommend (Restaurants-Entertainment-must See Sites)

_____

_____

_____

Guest Name/s: _____

Dates of my/our visit: _____ To: _____ We Traveled From: _____
_____

Reason for my/our trip: _____

≪●≫

Message to the host: _____
_____
_____

≪●≫

Favorite moments / Special Highlights of My/Our Stay
_____
_____
_____

≪●≫

Places/ We Recommend (Restaurants-Entertainment-must See Sites)
_____
_____
_____

Guest Name/s: _____

Dates of my/our visit: _____ To: _____ We Traveled From: _____
_____

Reason for my/our trip: _____

≪●≫

Message to the host: _____
_____
_____

≪●≫

Favorite moments / Special Highlights of My/Our Stay
_____
_____
_____

≪●≫

Places/ We Recommend (Restaurants-Entertainment-must See Sites)
_____
_____
_____

Guest Name/s: _____

Dates of my/our visit: _____ To: _____ We Traveled From: _____

_____

Reason for my/our trip: _____

≪●≫

Message to the host: _____

_____

_____

≪●≫

Favorite moments / Special Highlights of My/Our Stay

_____

_____

_____

≪●≫

Places/ We Recommend (Restaurants-Entertainment-must See Sites)

_____

_____

_____

Guest Name/s: _____

Dates of my/our visit: _____ To: _____ We Traveled From: _____
_____

Reason for my/our trip: _____

≪●≫

Message to the host: _____
_____
_____

≪●≫

Favorite moments / Special Highlights of My/Our Stay
_____
_____
_____

≪●≫

Places/ We Recommend (Restaurants-Entertainment-must See Sites)
_____
_____
_____

Guest Name/s: _____

Dates of my/our visit: _____ To: _____ We Traveled From: _____

_____

Reason for my/our trip: _____

≪●≫

Message to the host: _____

_____

_____

≪●≫

Favorite moments / Special Highlights of My/Our Stay

_____

_____

_____

≪●≫

Places/ We Recommend (Restaurants-Entertainment-must See Sites)

_____

_____

_____

Guest Name/s: _____

Dates of my/our visit: _____ To: _____ We Traveled From: _____
_____

Reason for my/our trip: _____

⟵ ≪●≫ ⟶

Message to the host: _____
_____
_____

⟵ ≪●≫ ⟶

Favorite moments / Special Highlights of My/Our Stay
_____
_____
_____

⟵ ≪●≫ ⟶

Places/ We Recommend (Restaurants-Entertainment-must See Sites)
_____
_____
_____

Guest Name/s: _____

Dates of my/our visit: _____ To: _____ We Traveled From: _____

_____

Reason for my/our trip: _____

≪●≫

Message to the host: _____

_____

_____

≪●≫

Favorite moments / Special Highlights of My/Our Stay

_____

_____

_____

≪●≫

Places/ We Recommend (Restaurants-Entertainment-must See Sites)

_____

_____

_____

Guest Name/s: _____

Dates of my/our visit: _____ To: _____ We Traveled From: _____

_____

Reason for my/our trip: _____

⬅━━━≪●≫━━━➡

Message to the host: _____

_____

_____

⬅━━━≪●≫━━━➡

Favorite moments / Special Highlights of My/Our Stay

_____

_____

_____

⬅━━━≪●≫━━━➡

Places/ We Recommend (Restaurants-Entertainment-must See Sites)

_____

_____

_____

Guest Name/s: ————————————————

Dates of my/our visit: ——— To: ——— We Traveled From: ———

——————————————————————————————

Reason for my/our trip: ——————————————

≪●≫

Message to the host: ——————————————

——————————————————————————————

——————————————————————————————

≪●≫

Favorite moments / Special Highlights of My/Our Stay

——————————————————————————————

——————————————————————————————

——————————————————————————————

≪●≫

Places/ We Recommend (Restaurants-Entertainment-must See Sites)

——————————————————————————————

——————————————————————————————

——————————————————————————————

Guest Name/s: _____

Dates of my/our visit: _____ To: _____ We Traveled From: _____

_____

Reason for my/our trip: _____

⬅◆➡

Message to the host: _____

_____

_____

⬅◆➡

Favorite moments / Special Highlights of My/Our Stay

_____

_____

_____

⬅◆➡

Places/ We Recommend (Restaurants-Entertainment-must See Sites)

_____

_____

_____

Guest Name/s: _____

Dates of my/our visit: _____ To: _____ We Traveled From: _____
_____

Reason for my/our trip: _____

⬅—≪●≫—➡

Message to the host: _____
_____
_____

⬅—≪●≫—➡

Favorite moments / Special Highlights of My/Our Stay
_____
_____
_____

⬅—≪●≫—➡

Places/ We Recommend (Restaurants-Entertainment-must See Sites)
_____
_____
_____

Guest Name/s: —————————————————————

Dates of my/our visit: ————— To: ———— We Traveled From: ————

————————————————————————————————

Reason for my/our trip: —————————————————

⬅ ≪●≫ ➡

Message to the host: ——————————————————

————————————————————————————————

————————————————————————————————

⬅ ≪●≫ ➡

Favorite moments / Special Highlights of My/Our Stay

————————————————————————————————

————————————————————————————————

————————————————————————————————

⬅ ≪●≫ ➡

Places/ We Recommend (Restaurants-Entertainment-must See Sites)

————————————————————————————————

————————————————————————————————

————————————————————————————————

Guest Name/s: _____

Dates of my/our visit: _____ To: _____ We Traveled From: _____
_____

Reason for my/our trip: _____

≪●≫

Message to the host: _____

_____

_____

≪●≫

Favorite moments / Special Highlights of My/Our Stay

_____

_____

_____

≪●≫

Places/ We Recommend (Restaurants-Entertainment-must See Sites)

_____

_____

_____

Guest Name/s: _____

Dates of my/our visit: _____ To: _____ We Traveled From: _____

_____

Reason for my/our trip: _____

≪●≫

Message to the host: _____

_____

_____

≪●≫

Favorite moments / Special Highlights of My/Our Stay

_____

_____

_____

≪●≫

Places/ We Recommend (Restaurants-Entertainment-must See Sites)

_____

_____

_____

Guest Name/s: _____

Dates of my/our visit: _____ To: _____ We Traveled From: _____
_____

Reason for my/our trip: _____

← ≪•≫ →

Message to the host: _____
_____
_____

← ≪•≫ →

Favorite moments / Special Highlights of My/Our Stay
_____
_____
_____

← ≪•≫ →

Places/ We Recommend (Restaurants-Entertainment-must See Sites)
_____
_____
_____

Guest Name/s: _____

Dates of my/our visit: _____ To: _____ We Traveled From: _____
_____

Reason for my/our trip: _____

Message to the host: _____
_____
_____

Favorite moments / Special Highlights of My/Our Stay
_____
_____
_____

Places/ We Recommend (Restaurants-Entertainment-must See Sites)
_____
_____
_____